Als du ein Baby warst

Die ersten fünf Jahre

KNESEBECK

Inhalt

Meine Geschichte beginnt 5
Der Tag meiner Geburt 7
Mein erster Auftritt 11
Mein Name 15
Was damals in der Welt geschah 17
Ich komme nach Hause 19
Der Stammbaum meiner Familie 21
Schlafen 25
Essen 29
Sprechen 31
Lachen und Weinen 33
Baden und Planschen 37
Meine liebsten Sachen 39
Ferien und Reisen 43
Feste und besondere Anlässe 47
Sie haben mich umsorgt 51
Mein erstes Jahr 55
Mein erster Geburtstag 57
Mein zweites Jahr 59
Mein zweiter Geburtstag 61
Mein drittes Jahr 63
Mein dritter Geburtstag 65
Mein viertes Jahr 69
Mein vierter Geburtstag 71
Mein fünftes Jahr 73
Mein fünfter Geburtstag 75
Hand- und Fußabdrücke 77
Gesundheit 81
Größe und Gewicht 85
Wünsche für mich 87
Bedeutende Ereignisse 88

MEINE GESCHICHTE BEGINNT

Mein errechneter Geburtstermin

So nannten mich meine Eltern vor meiner Geburt

So fühlten sich meine Eltern, kurz bevor ich zur Welt kam

Damit war meine Mutter gerade beschäftigt, als sie Wehen bekam

DER TAG MEINER GEBURT

Datum

Uhrzeit

Wochentag

Dauer der Wehen

Geburtsort/Krankenhaus

Arzt und Hebamme

Diese Personen waren dabei

Besondere Erinnerungen meiner Eltern

Platz für mein Foto   Platz für mein Foto

Platz für mein Foto   Platz für mein Foto

MEIN ERSTER AUFTRITT

Mein Gewicht ....

Meine Körpergröße ....

Meine Haarfarbe ....

Meine ersten
Momente auf ....
der Welt
....

....

....

Eine Locke von
meinem Babyhaar

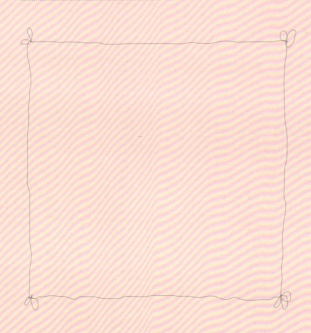

MEIN NAME

Mein Name

Meine Eltern haben ihn ausgewählt, weil

meine Kosenamen sind

weil

diese Namen hätten meinen Eltern ebenfalls gefallen

	Datum	Ort
Meine Taufe		
Vorgenommen hat sie		
Meine Taufe war		

Die schönste Erinnerung meiner Eltern an jenen Tag

WAS DAMALS
IN DER WELT GESCHAH

Platz 1 der Hitparade ....

Im Kino lief ....

Eine Kinokarte kostete ....

1 Liter Milch kostete ....

Das waren die Nachrichten des Tages

....
....
....
....
....
....

Das waren die führenden Persönlichkeiten der Welt

....
....
....
....
....
....

ICH KOMME NACH HAUSE

So fühlten sich meine Eltern ....

An diesem Tag kam ich nach Hause ....

Mit diesem Auto wurde ich heimgefahren ....

Mein erstes Zuhause war ....

Familienmitglieder und Freunde, die mich empfingen ....

Ich schlief .... Stunden.

Platz für mein Foto

DER STAMMBAUM MEINER FAMILIE

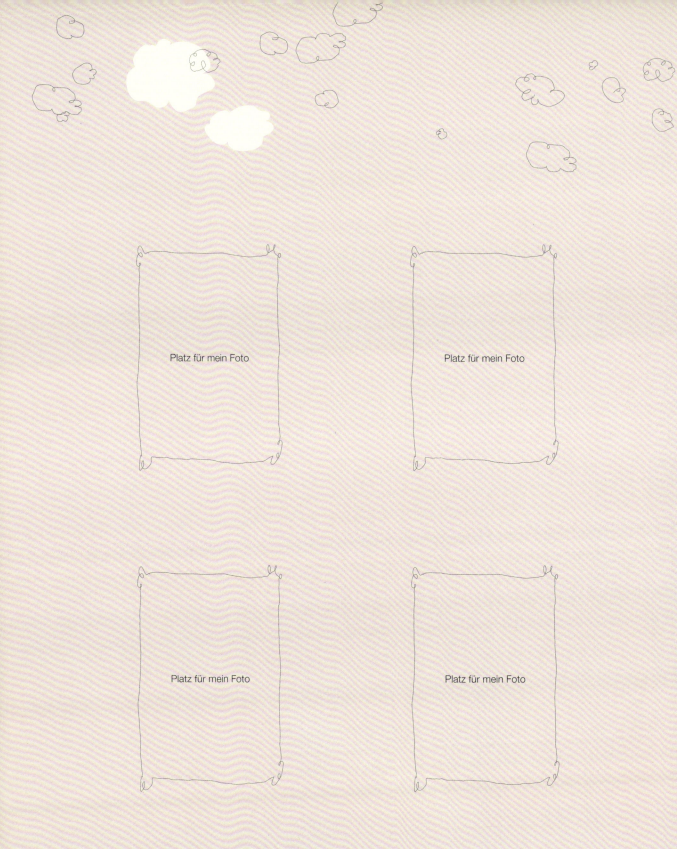

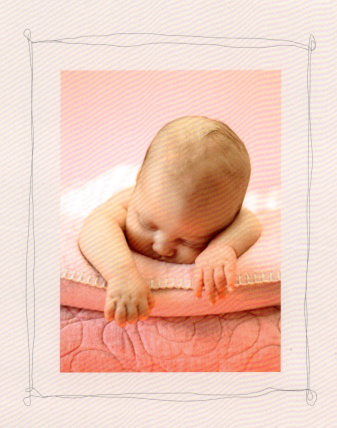

SCHLAFEN

Am Anfang

Einschlafrituale

Schlaflieder

Meine niedlichste
Schlafgewohnheit

	Alter	Datum
Wichtige Daten	Schlafen in der Wiege	
	Schlafen im Bett	

Mein liebstes
Einschlafspielzeug

ESSEN

Mein Appetit war

Das mochte ich gern

Das mochte ich nicht

	Alter	Datum
Entwöhnung von der Brust/Flasche		
Mein erster Zahn		
Mein erster Brei		
Auf einem Stuhl saß ich		
Aus einer Tasse trank ich		

SPRECHEN

Meine ersten Wörter

Mein Lieblingsspruch

Mein Lieblingslied

Wichtige Daten

Alter Datum

Bis zehn gezählt

Das Alphabet aufgesagt

LACHEN UND WEINEN

Das machte mich glücklich

Das machte mich traurig

Wie ich getröstet wurde

Platz für mein Foto

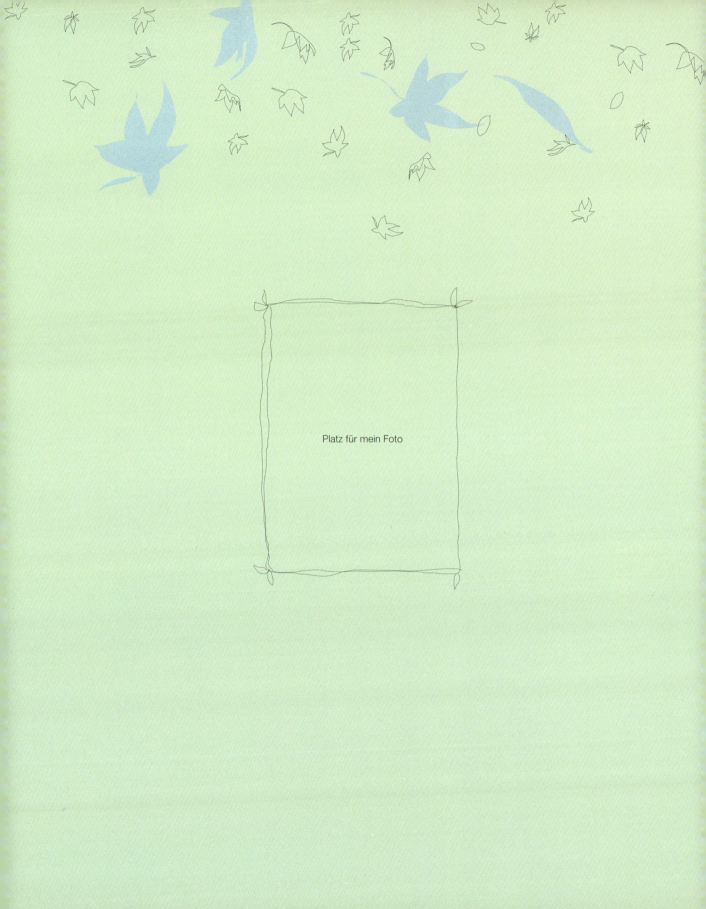
Platz für mein Foto

BADEN UND PLANSCHEN

In dieser Stimmung war ich beim Baden

Mein liebstes Badespielzeug

Was ich im Wasser besonders gern tat

Platz für mein Foto

MEINE LIEBSTEN SACHEN

Spiele ....

Orte ....

Spielsachen ....

Verkleidungen ....

Bücher ....

Kuscheltiere ....

Kleidung ....

Farben

Unternehmungen ....

FERIEN UND REISEN

Meine ersten Ferien

Datum

Unser Urlaubsort

Wer alles mit
dabei war

Was wir unter-
nommen haben

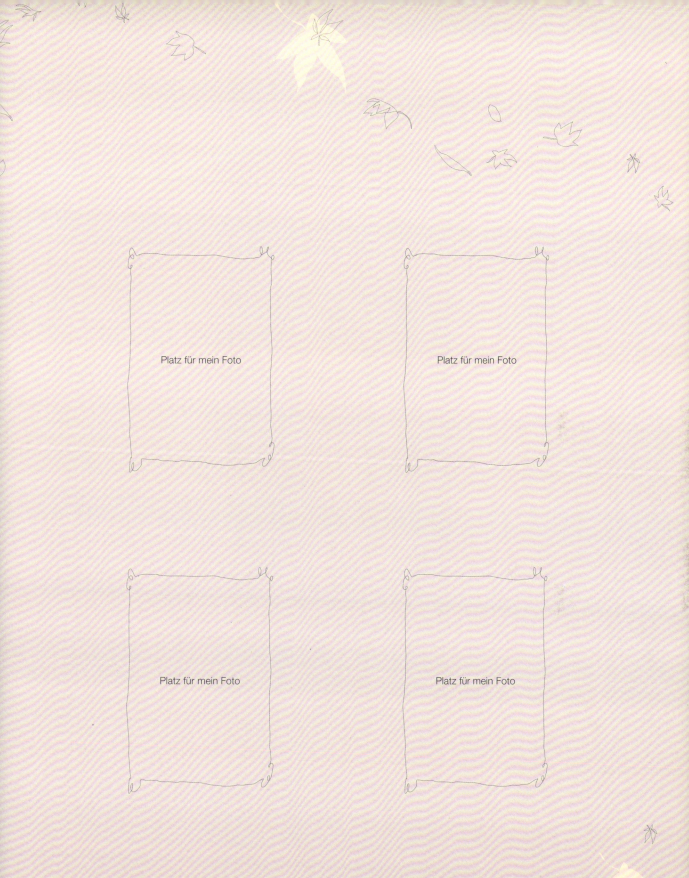

FESTE UND BESONDERE ANLÄSSE

Datum

Ereignis ....

Familienmitglieder
und Freunde, die ....
dabei waren
....

....

....

....

....

Datum

Ereignis ....

Familienmitglieder
und Freunde, die ....
dabei waren
....

....

....

....

....

SIE HABEN MICH UMSORGT

Meine Babysitter ....
....
....

Dort haben sie sich
um mich gekümmert ....
....
....

Das haben sie
mit mir gespielt ....
....
....

Platz für mein Foto

MEIN ERSTES JAHR

Meine liebsten Sachen:

Spiele ....

Spielzeug ....

Bücher ....

Unternehmungen ....

Kleidung ....

Farben ....

Kuscheltiere ....

Orte ....

Anderes ....

Im Freien:

Spielplätze, die wir besucht haben ....

....

Meine liebsten Beschäftigungen ....

....

Besondere Ausflüge mit Großeltern, Verwandten, Freunden und Spielkameraden ....

....

Platz für mein Foto

Platz für mein Foto

Platz für mein Foto

Platz für mein Foto

MEIN ERSTER GEBURTSTAG

Wie wir gefeiert haben

....
....
....
....

Wer dabei war

....
....
....
....

Mein Geburtstagskuchen

....
....

Mein liebstes Geschenk

....
....
....

MEIN ZWEITES JAHR

Meine liebsten Sachen:

    Spiele ....

    Spielzeug ....

    Bücher ....

    Unternehmungen ....

    Kleidung ....

    Farben ....

    Kuscheltiere ....

    Orte ....

    Anderes ....

Im Freien:

    Spielplätze, die wir besucht haben ....

    ....

    Meine liebsten Beschäftigungen ....

    ....

    Besondere Ausflüge mit Großeltern, Verwandten, Freunden und Spielkameraden ....

    ....

Platz für mein Foto

Platz für mein Foto

Platz für mein Foto

Platz für mein Foto

MEIN ZWEITER GEBURTSTAG

Wie wir gefeiert haben

Wer dabei war

Mein Geburtstagskuchen

Mein liebstes Geschenk

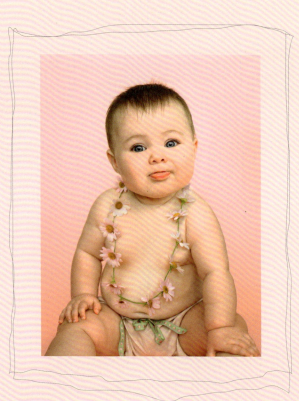

MEIN DRITTES JAHR

Meine liebsten Sachen:

Spiele ....

Spielzeug ....

Bücher ....

Unternehmungen ....

Kleidung ....

Farben ....

Kuscheltiere ....

Orte ....

Anderes ....

Im Freien:

Spielplätze, die wir besucht haben ....
....

Meine liebsten Beschäftigungen ....
....

Besondere Ausflüge mit Großeltern, Verwandten, Freunden und Spielkameraden ....
....

MEIN DRITTER GEBURTSTAG

Wie wir gefeiert haben ....
....
....
....

Wer dabei war ....
....
....
....

Mein Geburtstagskuchen ....
....

Mein liebstes Geschenk ....
....
....

MEIN VIERTES JAHR

Meine liebsten Sachen:

- Spiele
- Spielzeug
- Bücher
- Unternehmungen
- Kleidung
- Farben
- Kuscheltiere
- Orte
- Anderes

Im Freien:

- Spielplätze, die wir besucht haben

- Meine liebsten Beschäftigungen

- Besondere Ausflüge mit Großeltern, Verwandten, Freunden und Spielkameraden

Platz für mein Foto

Platz für mein Foto

Platz für mein Foto

Platz für mein Foto

MEIN VIERTER GEBURTSTAG

Wie wir gefeiert haben

Wer dabei war

Mein Geburtstagskuchen

Mein liebstes Geschenk

MEIN FÜNFTES JAHR

Meine liebsten Sachen:

- Spiele ....
- Spielzeug ....
- Bücher ....
- Unternehmungen ....
- Kleidung ....
- Farben ....
- Kuscheltiere ....
- Orte ....
- Anderes ....

Im Freien:

Spielplätze, die wir besucht haben ....
....

Meine liebsten Beschäftigungen ....
....

Besondere Ausflüge mit Großeltern, Verwandten, Freunden und Spielkameraden ....
....

Platz für mein Foto   Platz für mein Foto

Platz für mein Foto   Platz für mein Foto

MEIN FÜNFTER GEBURTSTAG

Wie wir gefeiert haben

Wer dabei war

Mein Geburtstagskuchen

Mein liebstes Geschenk

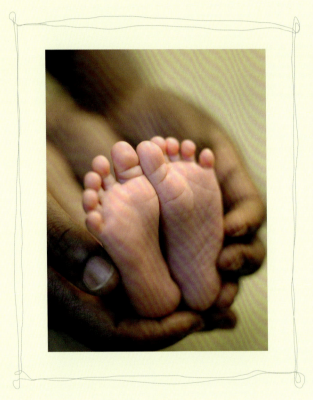

HAND- UND FUSSABDRÜCKE
ALS ICH NOCH GANZ KLEIN WAR

Datum

....

Hand

Fuß

HAND- UND FUSSABDRÜCKE
ALS ICH FÜNF JAHRE ALT WAR

Datum

....

Hand

Fuß

GESUNDHEIT

Impfungen　　　　　Alter　　Datum　　　　　Allergien

....　　　　　　　　　　　................................

....　　　　　　　　　　　................................

....　　　　　　　　　　　................................

....　　　　　　　　　　　................................

Krankheiten　　　　Alter　　Datum　　　　　Blutgruppe

....　　　　　　　　　　　................................

....

....

....

GRÖSSE UND GEWICHT

Größe

Bei der Geburt ....

3 Monate ....

6 Monate ....

9 Monate ....

1 Jahr ....

2 Jahre ....

3 Jahre ....

4 Jahre ....

5 Jahre ....

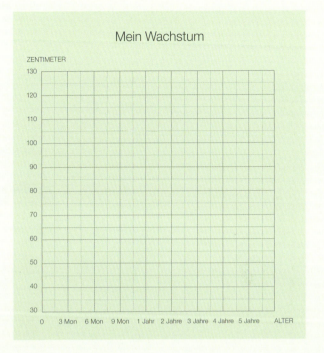

Gewicht

Bei der Geburt ....

3 Monate ....

6 Monate ....

9 Monate ....

1 Jahr ....

2 Jahre ....

3 Jahre ....

4 Jahre ....

5 Jahre ....

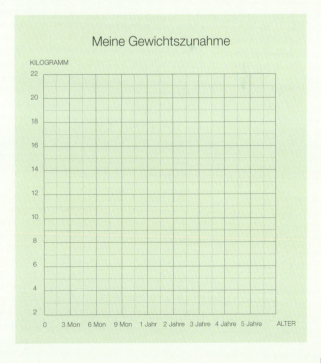

WÜNSCHE FÜR MICH

Datum

BEDEUTENDE EREIGNISSE

Datum

Mein erster Zahn
_____

Meine erste Zahnbürste
_____

Mein erstes Bett
_____

Meine erste Nacht außer Haus
_____

Mein erstes Wort
_____

Mein erster Schritt
_____

Mein erster Tag im Kindergarten
_____

Mein erster Schultag
_____

Platz für mein Foto

Meine ersten Schuhe
_____

Da war ich _____ Jahre alt

Sie hatten Schuhgröße _____

Mein erster Haarschnitt
_____

Da war ich _____ Jahre alt

Den hat mir _____ gemacht

Platz für mein Foto

Mein erster Freund/Meine erste Freundin
_____

Mein erstes Haustier
_____

Mein erstes Fahrrad
_____

Titel der Originalausgabe: *My Baby Book. A Five Year Record.*
Erschienen bei PQ Blackwell Limited, 116 Symonds Street, Auckland, Neuseeland 2012
www.pqblackwell.com
Copyright Fotografien © 2012 Rachael Hale Trust.
www.rachaelmckenna.com
Copyright Text und Buchkonzept © 2012 PQ Blackwell Limited.
Konzept, Design und Layout: Carla Shale und Helene Dehmer

Deutsche Erstausgabe
Copyright © 2012 von dem Knesebeck GmbH & Co. Verlag KG, München
Ein Unternehmen der La Martinière Groupe
Umschlaggestaltung: Leonore Höfer, Knesebeck Verlag
Herstellung und Satz: VerlagsService Dr. Helmut Neuberger & Karl Schaumann GmbH, Heimstetten
Druck: 1010 Printing International Limited Ltd.
Printed in China

ISBN 978-3-86873-448-5

Alle Rechte vorbehalten, auch auszugsweise.

www.knesebeck-verlag.de